DE

L'ÉVOLUTION SOCIALE

PAR LA FAMILLE

PAR

Louis NORMAND

DÉPUTÉ DU RHÔNE

LYON — 1905

DE

L'ÉVOLUTION SOCIALE

PAR LA FAMILLE

PAR

Louis NORMAND

DÉPUTÉ DU RHÔNE

LYON — 1905

L'ÉVOLUTION SOCIALE

PAR LA FAMILLE

De la Société.

La constitution de notre société est l'expression très fidèle du droit individuel codifié et organisé.

Toutes ses lois ont pour origine l'instinct de la conservation ou l'impulsion naturelle des actes irraisonnés de l'Homme.

L'Homme est protégé par ces lois dans la proportion de la somme de son égoïsme. Donc, plus il est égoïste, c'est-à-dire socialement mauvais, plus il est défendu par elles, et dans ses besoins et dans ses droits individuels.

C'est de ce principe que se forment la propriété et le capital, que, par suite, se constitue la société, en classes pauvres et riches. C'est ainsi que la bourgeoisie a formulé le Droit, au nom duquel elle détient tous les bénéfices de la civilisation. Elle détient la puissance matérielle, par la centralisation, à son profit, de tous les avantages résultant du progrès mécanique ou scientifique. Elle détient, au nom du capital, les professions libérales qui lui assurent la puissance politique et morale.

Cette organisation sociale reçoit l'impulsion d'une morale qui, elle aussi, affirme les droits de l'Homme inassocié. Elle préside à la formation de la famille, puis limite les rapports entre les hommes par l'expression de l'intérêt d'un seul.

La morale de la société, celle qui domine toute notre éducation philosophique, se trouve résumée par le sentiment instinctif qu'elle dénomme amour paternel et maternel.

C'est dans cette fonction sociale que nous rencontrons l'expression naturelle la plus vive de notre individualité animale.

Cette morale met tous les hommes d'accord pour laisser à la femme, à la mère, qui au nom de l'instinct maternel repousse le bénéfice de la raison, le droit exclusif de donner à l'enfant les premiers soins physiques. C'est donc elle qui dirige ses premiers besoins, ses premières volontés, et n'est-ce pas toujours dans le sens de l'égoïsme le plus pur, qu'au nom de son amour maternel, elle lui imprègne la défense de son petit individu ?

La première chose qu'elle lui apprend, ce sont les droits attachés à sa personne et, comme conséquence, elle restreint, dans la plus large mesure, la connaissance de ses devoirs. L'affection qu'elle a pour l'enfant se limite par la valeur des soins physiques qu'elle lui donne.

Elle abandonne volontiers le respect qui lui est dû, pour lui pardonner l'ingratitude et aussi quelquefois l'injure. Combien de mères font le sacrifice de l'amour de leurs époux pour se plier aux exigences de l'amour maternel, et commettent envers et contre le père de leur enfant des actes qu'elles n'eussent pas commis sans la faiblesse maternelle.

Ces affirmations sont attestées par ce fait, que la mère accorde toujours à son enfant une supériorité morale ou physique sur tous les autres, et toujours, s'il n'est le plus intelligent, il est le plus beau. C'est au nom de ce sentiment qu'elle fait état de toutes les satisfactions qu'il reçoit, car elle ne voit et ne peut déterminer les conséquences que peut avoir, dans l'avenir, la fausse éducation qu'elle prépare, et cela sans avoir conscience de sa responsabilité.

Elle croit ainsi aimer son enfant, lorsque c'est seulement son intime satisfaction qu'elle met au service de son égoïsme. Elle est la propre ennemie de son bonheur futur, comme elle est l'adversaire inconsciente de celui de son enfant qu'elle rend inassociable.

Le père ne peut pas être l'éducateur moralement libre de son fils, car, déjà prévenu de soumission à la femme, il est toujours dominé par le respect qu'il prétend devoir au sentiment maternel. Il ne cherche plus que le moyen de lui assurer une situation supérieure, situation qui doit lui procurer le pouvoir de dominer ou d'exploiter soit les hommes, soit les choses.

Je rechercherai plus loin, pour tirer une déduction de cette morale dans la famille, si l'Instinct atténue, et dans quelle mesure, l'action de l'Intelligence, ou si inversement l'Intelligence corrige l'Instinct.

Cette déclaration n'est en rien une atteinte au principe de la famille que, comme tous, je sais respecter, car aucun de nous n'a le droit de nier que la meilleure et la plus délicate affection est celle que nous puisons dans l'amour de nos enfants.

Mais je peux dire que cette morale n'a pas, jusqu'à ce jour, permis aux chefs de famille de déterminer chez l'enfant l'idée de reconnaissance envers la civilisation, envers la société, dont ils ont, eux-mêmes, reçu si largement les bénéfices, puisqu'ils ne sont en rien préparés à admettre, comme droit primordial sur tous les autres droits, celui que possède la société de demander, à tous les citoyens, de faire converger leurs efforts vers l'amour du bien-être collectif.

Ils sont bien peu nombreux les parents qui disent ou essaient d'apprendre à l'enfant, que l'effort donné collectivement est moindre que celui commis isolément, que l'effort collectif produit des résultats qui s'établissent par le rapport qui existe entre l'action instinctive et la valeur d'une action dirigée par l'intelligence.

Notre morale dit : est un bon père celui qui peinant toute sa vie, accumule au profit de son fils un capital que celui-ci dissipera aussi vicieusement qu'il le pourra ; cela au nom du droit qui lui a été dévolu par la famille, afin de disposer de l'effort d'un autre homme au bénéfice de son propre individu.

Est encore réputé bon père : celui qui ayant donné à son fils ce qu'on est convenu d'appeler une forte éducation, l'aura maintenu dans la tradition paternelle en développant ses facultés d'appropriation ; disposition qui lui permet de multiplier ses besoins dans la proportion des facilités qui lui sont données pour réaliser le capital, c'est-à-dire pour user du droit de centraliser un superflu illimité ; concentration d'efforts demandés à d'autres citoyens, et dont le labeur répond à peine aux nécessités de la vie, si elle ne jette la misère dans leur famille.

Je dis qu'appliquer cette morale à l'éducation donnée dans la famille, c'est mettre l'Intelligence de l'Homme au service de son Instinct ; que là se trouve le véritable ennemi de son affranchissement intellectuel et que cette morale, autant que la religion, détermine chez l'individu l'égoïsme le plus pur. Il faut donc en déduire que, pendant longtemps encore, nous aurons à lutter contre l'instinct de conservation pour avoir le droit d'affirmer que l'Homme est un être intelligemment associable.

La solidarité sociale, dont on fait état aujourd'hui, n'est qu'un devoir imposé par la loi, donc par la force. On ne peut y trouver cette action volontaire qui devrait entraîner tous nos actes, toutes nos pensées, vers le bien-être de tous.

L'école laïque essaye bien, très prudemment, de proclamer la nécessité de l'effort collectif, mais si peu, que la famille, que la lutte pour la vie, n'en permettent à aucun degré une utile diffusion.

Il est superflu d'ajouter que le vice initial que comporte l'éducation de la famille, se rencontre à l'état originel dans toutes les classes de la Société.

Dans les classes riches, il détermine une plus grande somme d'égoïsme, en raison des jouissances accumulées qu'elles ont à défendre.

Il a aussi une répercussion sur leurs facultés intellectuelles, car il est facile d'établir que la proportion est grande, des individus fortunés qui croient à leur supériorité morale, au nom de laquelle ils invoquent le droit au mépris vis-à-vis des humbles.

Dans la classe pauvre, cette même action se produit selon le degré d'instruction reçue, mais en deux sens différents.

La première fraction, la plus nombreuse, a comme base d'éducation la loi naturelle, celle qui n'ennoblit jamais l'homme, qui restreint la délicatesse de ses mœurs et qui l'entraîne seulement à la défense des satisfactions immédiates et toujours irraisonnées de la vie.

C'est dans cette fraction que se forme l'armée des travailleurs, de ceux qui s'inclinent sous le poids de leurs besoins, plus souvent de leurs misères. Ceux-ci sont les meilleurs, car leur égoïsme est comme la nature l'a fait, bon, mais inassociable, puisqu'il limite leurs espérances à la brutalité matérielle.

La deuxième fraction est inspirée par la tendance qu'ont les parents d'élever l'enfant au-dessus de leur propre condition, et, bien souvent, quelques-uns, condamnant le travail manuel, n'ont que le désir d'y faire échapper leur progéniture. Ne trouvons-nous pas là, encore l'orgueil irréfléchi du procréateur, de ce sentiment qui incite le cultivateur à regarder germer et grandir le grain qu'il a semé, en s'attribuant l'œuvre génératrice et fait que, pour lui, l'immensité a pour limite le mot : moi.

La première action du socialisme est de dire, de prouver à ce cultivateur, à ce père, à cette mère qu'ils ne sont que des intermédiaires mécaniques dans l'œuvre de création.

L'histoire naturelle ne nous dit-elle pas que, dans l'homme, tout manifeste sa destination pour vivre par le cerveau, et que tout est créé pour l'exercice de la pensée?

C'est donc affirmer que l'homme est destiné à vivre socialement, puisque sa puissance ne peut s'établir que sous cette condition, que la vie sociale, pour laquelle il est organisé, veut que tous ses actes soient réfléchis ou soumis à l'action de son cerveau, de son intelligence.

Peut-on dire qu'il en est ainsi dans l'organisation de la famille, qui est, personne ne l'ignore, la base élémentaire de la société, où commence l'éducation de l'homme, où il reçoit les premières empreintes, celles qui domineront tous les éléments qu'il rencontrera dans la vie.

Lorsque, échappés du sein de la famille, les enfants entrent dans la vie active, j'ai le droit de dire que, socialement, ils ne sont en rien préparés pour apporter à la Société le contingent d'efforts raisonnés qu'ils lui doivent. Et si est vrai le terme scientifique, affirmant que l'homme ne trouve de force, de puissance que dans l'association intelligente de ses efforts,

ceux-ci deviennent donc les complices d'une action
sociale qui est une entrave au Progrès, lequel n'est
que l'adaptation ininterrompue des efforts de tous.
Le Progrès est donc une action collective, mise en
mouvement par l'Intelligence.

L'Intelligence n'est pas une chose que l'on dirige,
que l'on soumet aux lois, que l'on mesure ; c'est à
l'état de liberté qu'elle doit s'offrir à l'Homme, pour
lui tracer progressivement la route par laquelle il
pourra poursuivre sa perfection.

J'ai voulu établir qu'encore et sans exception, c'est
l'instinct qui, dans l'éducation première de l'enfant,
supplée dans une très large mesure à l'intelligence.
Cela dit pour qu'il me soit permis d'affirmer que préparer l'homme à la seule défense de son individu,
c'est faire acte contraire au principe de Solidarité
sociale ; c'est lui permettre, s'il est mauvais par destination, de ne recevoir l'application de la loi que dans
la mesure où elle reste la défense de son individualité.

Je crois à la possibilité d'établir la transposition du
sentiment instinctif sous lequel s'affirme aujourd'hui
la maternité, en action rationnelle qui laissera à la
famille toutes les bontés, toutes les délicatesses,
toutes les joies que procure l'amour de l'enfant.
Jamais le sentiment du mieux n'a été l'antithèse de
celui du beau, car plus on demande à la pensée de
s'élever vers l'idéal, plus on élargit pour l'homme le
besoin d'aimer.

De la lutte de Classes.

Que veut le socialisme : le triomphe de la justice, de la raison, du bien, du beau, du bien-être, du bonheur. Le socialisme est la science même, la science dans son essence, dans son origine, dans ses moyens, dans ses fins. Le socialisme, c'est l'incessante protestation du bien contre le mal.

C'est sous l'impression de cette définition du socialisme que Saint-Simon, que Fourier, que Cabet, que Proud'hon, qu'Auguste Comte ont puisé ces formules généreuses qui les guidaient dans l'émission des pensées sous lesquelles ils ont formulé leurs moyens d'émancipation sociale.

Il ne reste rien du socialisme religieux des Saint-Simoniens ; peu de choses du positivisme hardi d'Auguste Comte ; quelques lueurs encore de la grandiose et si humaine théorie de Fourier ; très peu de la brutale affirmation de Proud'hon sur l'origine de la propriété.

Malgré cela, il est bien permis de dire que c'est sous les auspices de cette affirmation du socialisme que tous ceux qui, consciemment s'en réclament, sont entrés dans ses rangs ; que rien ne s'y trouve pour établir que, pour être socialiste, il y a nécessité d'accepter le principe de la lutte, ou de la guerre de classes. Bien au contraire, on y trouve l'obligation de poursuivre la perfectibilité de l'Homme, par une action parallèle au développement du Progrès scientifique. La science marche à pas de géant. Elle devance d'un siècle peut-être l'éducation sociale des peuples.

Aujourd'hui, tout est concentré, tout s'incline devant la théorie allemande du marxisme : théorie de la destruction du capital par la lutte de classes ; lutte de l'homme qui a faim contre celui qui détient le superflu. Cette théorie violente veut maintenir la guerre entre individus, au nom de l'expropriation de la propriété à base capitaliste. L'évolutionisme de Jaurès paraît déjà bien affaissé devant la maxime du nouveau Parti socialiste unifié qui, à l'article 1er de son programme, dit : « Le Parti socialiste n'est pas un parti de réforme, mais un parti de lutte de classe et de révolution. » Voilà ce que viennent de signer même les amis des formules enveloppées, ainsi que tous les socialistes unifiés malgré eux.

C'est cette nouvelle formule que doit combattre le socialisme indépendant. Il a le devoir de s'attaquer à elle, car elle est contraire aux aspirations humaines, elle est contraire au socialisme qui veut faire régner l'égalité par la fraternité.

Il me paraît superflu, à notre époque, pour déterminer le caractère de la propriété individuelle, de remonter à son origine. Il suffit d'affirmer qu'elle est détenue, au nom du droit individuel qui permet à tous de la transmettre librement, en raison de la seule volonté de celui qui la possède, soit qu'il l'ait reçue, soit qu'il l'ait conquise par son propre effort.

L'effort que fait l'homme pour posséder ne peut

être condamné, puisqu'il est le résultat d'un acte commis sous l'influence de l'instinct de conservation et que c'est ce sentiment qui a présidé et préside encore à la constitution de la société. Celle-ci a donc à sa base l'organisation et la défense du travail individuel. Ce sentiment de possession est nécessaire, obligatoire et légitime, aux mêmes conditions pour celui qui n'a pour capital que sa force physique, que pour celui qui détient une parcelle, petite ou grande, de la propriété.

Tous deux se servent du même instinct, dans le sens voulu et reçu, non seulement par les lois de la société, mais par l'éducation qui découle de l'organisation même de la famille. Le droit de posséder a donc la même origine que l'obligation de travailler pour vivre.

Une question doit ici se poser : L'homme en tant qu'individu est-il rendu meilleur par la possession ? Je n'hésite pas à répondre que, puisque de la propriété découle des droits qui lui sont propres, la valeur sociale de l'homme diminue dans la proportion de la somme des intérêts qu'il a à défendre.

Mais il faut affirmer que l'homme, à l'état de salarié, a les défauts et les qualités respectivement attachés à la situation d'infériorité qui lui est imposée. Et que, transposé à l'état de possédant, il prendrait au capitaliste et dans la même mesure, tous les défauts que caractérise la possession de la propriété ou la détention de l'autorité : Capitaliste et salarié sont, en tant qu'individus, irresponsables, l'un et l'autre, de ces inégalités sociales ; irresponsables même de leur conception personnelle, car, elle aussi, elle est soumise aux influences des situations préparées, voulues, doit-on dire, par la société. Cette société, en effet, n'a rien fait pour essayer d'arracher les germes de cet égoïsme commun à tous les hommes.

Ce n'est pas dans notre système économique actuel, ce n'est pas dans la morale religieuse qui domine toutes les classes de la société, que ces hommes peuvent trouver l'exemple et l'obligation de devenir meilleurs, bien au contraire.

Elle n'a donc rien fait, pour demander à leur intelligence de se produire assez activement, pour déterminer leurs devoirs respectifs d'hommes libres.

Elle n'a rien fait pour leur dire que le but qu'ils ont à atteindre, c'est de devenir intelligemment associables. Donc pourquoi demander à ces hommes irresponsables de se déclarer la guerre, puisque la société, au nom d'un droit reconnu et accepté par tous, les a dispersés dans d'inégales situations. Personne n'a le droit de les appeler à être des ennemis, puisqu'ils sont seulement des êtres raisonnables, encore inconscients de leurs devoirs sociaux.

Et quelle est donc la doctrine qui leur a donné la compréhension des lois qui régissent la justice et la solidarité sociales ? N'est-ce pas au nom de la société que l'un défend l'opulence, qu'un autre lui envie au nom de sa misère, mais que tous deux défendraient avec la même âpreté, si tous deux étaient associés dans la même exubérance de bien-être ?

C'est donc par la réorganisation de la société qu'il faut poursuivre la réparation des iniquités sociales, et ne pas commettre cet acte toujours si facile de présenter à l'homme pauvre son état d'infériorité, en lui promettant une très prochaine égalité dans toutes les satisfactions matérielles, en lui faisant prévoir ce résultat par la seule vertu d'appartenir au parti qui, par le principe de la lutte de classes, veut tenter la transformation de la société.

Ne doit-on pas combattre cette panacée universelle des inégalités sociales, qui a la prétention de ne rien demander à l'homme, qui ne fait même pas appel à son intelligence, et qui, sans échange, sans effort, lui apportera le bénéfice d'une immuable égalité. C'est pourtant dans ce sens que s'exerce l'action des socialistes allemands qui font abstraction de l'action éducatrice, de l'action politique. Plus encore, ils font abandon de la morale rationnelle, au profit de la morale religieuse qui, chez eux, est encore toute la base de l'instruction du peuple, puisque toutes les écoles de la nation ont comme devise : Dieu et l'Empereur.

Le socialisme allemand prépare donc l'évolution sociale pour et par le ventre du peuple.

Cette toute simple conception permet de ne point avoir de programme de transformation politique, de ne point attaquer les dogmes religieux. C'est peut être très prudent de la part des socialistes allemands, mais cela me paraît assez peu révolutionnaire.

Les socialistes de France ne peuvent oublier que l'égalité civile existe, pour eux, depuis la Révolution, que la République est un gouvernement des majorités, que notre évolution économique peut être considérée comme un fait accompli, à la date déterminée par le jour où le Suffrage universel pourra donner le résultat que saurait lui faire produire un peuple instruit. Il suffit d'une seule manifestation intelligente de sa volonté.

Nous sommes en droit d'espérer voir se produire cet effort intellectuel, et la République devenir normalement, légalement, socialiste.

Ont donc seuls le droit d'inscrire, comme action primordiale le principe de la guerre de classes, ceux qui n'ont pas encore conquis leurs libertés politiques ; ceux qui ne peuvent encore s'attaquer aux régimes oligarchiques qui les dominent ; ceux qui n'ont pas encore déclaré la guerre aux fanatismes des religions, qui, quoi qu'on en disent, resteront l'arme défensive et invulnérable de toutes les injustices sociales ; tous ceux enfin qui ont, devant eux, la nécessité de conquérir leur affranchissement intellectuel. La lutte de classes est pour ceux-là un devoir sacré. C'est le droit à la Révolution, nécessaire à leur émancipation économique et politique.

C'est aussi le moyen de nous suivre et de nous atteindre, et, alors nous reconnaîtrons aux socialistes étrangers, le droit de s'interposer dans nos luttes politiques, de nous donner des conseils, vinssent-ils de Bebel.

Le principe de la lutte de classes qui a pour but la suppression de l'exploitation de l'homme, par l'homme, soulève un problème, dont la solution peut être dite irréalisable.

En effet, quelle est la formule qui permettra de déterminer le degré de situation sociale, où pourra commencer la classification entre les exploitants et les exploités.

L'exploitation par le capital sera-t-elle seule condamnée? La situation d'un homme exploitant ou dominant (il n'y a aucune différence entre la domination ou l'exploitation) par la supériorité de sa valeur morale le classera-t-elle parmi les adversaires du prolétariat organisé?

La délégation de l'autorité que comporte tout système économique ou politique, et nul le niera, transforme, chez l'homme, la conception de ses devoirs de solidarité. On peut donc demander si celui qui détiendra une parcelle de cette autorité sera mis hors la classe des travailleurs. Et à moins d'affirmer la possibilité d'une égalité immuable dans les actes et dans l'intelligence des hommes, il est impossible de ne pas dire que l'autorité morale des plus intelligents est, dans la constitution d'une société, un facteur nécessaire, auquel il faut préparer une large place. On ne peut donc dire que ceux-ci peuvent être mis en dehors de l'organisme de la société.

Étant donné que tous les hommes ont le droit et le devoir de poursuivre leur affranchissement moral, que l'ambition de détenir une plus grande somme de savoir ne peut être condamnée, ni même atténuée, on ne peut donc traiter en ennemi un homme, parce

que, au nom de son énergie, il possède une valeur supérieure à celle d'autres individus, moins travailleurs
ou moins bien doués.

La lutte de classes ne peut donc s'affirmer que si
l'on condamne l'autorité utile à l'organisation d'une
société ; alors il faut dire que ceux qui détiendrons
cette autorité seront toujours les adversaires de la
classe des travailleurs.

Les besoins matériels ne pourront être considérés
comme réellement satisfaits, que lorsqu'une réglementation sociale interviendra pour assurer une
égale répartition des droits et des devoirs sociaux.

Mais la faiblesse des convictions des uns, la surenchère nécessaire à la popularité des autres, l'orgueilleux besoin d'influence de tous les dirigeants du Parti
socialiste les ont entraînés à provoquer, chez les travailleurs, des espérances présentées comme immédiatement réalisables. Pour suivre la pente sur
laquelle ils ont lancé leur parti, ils se voient obligés
d'adhérer au principe révolutionnaire de la lutte de
classes. C'est par ce cri de guerre, seulement, qu'ils
reconnaissent un socialiste ; c'est la seule pierre de
touche qui leur permet de se convaincre de la pureté
des convictions socialistes.

Pour admettre de telles théories, il faut être l'ar-
tisan qui prépare la haine parmi les hommes, qui
sème l'envie, en montrant l'inégalité des fortunes et
en promettant aux citoyens âgés comme aux jeunes,
que bientôt la répartition en sera faite. Nous verrons
bientôt que le titre de socialiste sera refusé à tous

ceux qui n'autoriseront pas la violence comme moyen de rendre égaux les besoins de tous les hommes.

Quant à moi, je resterai socialiste, parce que je désire poursuivre l'application de la solidarité humaine entre et parmi les hommes.

Du Socialisme.

Les principes qui différencient les fractions républicaines des fractions socialistes sont assez discutés, pour qu'il ne soit pas superflu de les indiquer aussi souvent que les deux théories se rencontrent.

Les républicains radicaux croient et affirment la nécessité de rendre la société meilleure, en améliorant les lois qui régissent tous les droits individuels.

Les républicains radicaux socialistes admettent le principe de la nationalisation d'un certain nombre d'organes économiques tels que : chemins de fer, mines, monopoles d'État, etc. Ils sont entraînés par l'évolution de la pensée à être, un peu malgré eux, des disciples du socialisme d'État. Cette période économique est à prévoir ; en effet, notre éducation actuelle nous pousse et nous entraîne à l'organisation de l'État-Providence, car, aujourd'hui, nous accumulons toutes nos espérances, nous organisons toutes nos luttes, en vue de la conquête du Pouvoir exécutif. Nous le regardons comme le seul dispensateur du bien-être public, et aussi, comme le seul responsable de toutes les iniquités sociales.

On peut donc prédire que le socialisme d'État sera

la période de transition qui précédera l'avènement du socialisme véritablement scientifique.

Cette réserve faite, on peut dire que, dans son ensemble, le Parti républicain individualise les droits et les devoirs.

Le socialisme veut transposer l'effort individuel en efforts collectifs, librement exprimés, c'est-à-dire imposer aux hommes, au nom de la loi des majorités, assez d'esprit de solidarité, pour qu'ils admettent que l'association des efforts qui leur seront demandés, ne représente que l'expression intelligente de la fonction pour laquelle ils sont organisés : celle de vivre en société.

C'est la thèse que le socialisme indépendant doit soutenir à l'encontre du marxisme qui poursuit la transformation sociale par le principe d'égalité dans les besoins matériels nécessaires à la vie.

Cette théorie organise l'égalité par un système économique qui devra déterminer, pour chaque individu, l'effort-travail qu'il doit, soit à la société, soit à lui-même, puisque le droit à la propriété est ramené aux seuls objets nécessaires à la vie ; elle tend à poursuivre, en dehors de tous efforts intellectuels, l'universalisation du travail par la production collective.

Tout est demandé au système qui prétend assurer le bonheur du prolétariat par les seules jouissances matérielles.

Rien n'est prévu pour atténuer les effets de la loi naturelle qui veut que les besoins de l'homme augmentent en raison des satisfactions qu'il reçoit.

Nuls principes où doive intervenir l'intelligence ne sont imposés, rien n'est prévu pour obtenir la diffusion de la volonté de l'homme. Tout est mécaniquement distribué au profit et selon les besoins du ventre de l'humanité.

Karl Marx affirme que la rénovation de la société ne peut se concevoir que par la seule transformation de faits matériels. Il organise seulement le travail en produit collectif.

Le capital est le seul adversaire qu'il désigne aux coups du Prolétariat; c'est la conquête des besoins matériels, remorquant de très loin l'affranchissement intellectuel. Au contraire, notre idéal est de travailler à la rénovation de la société, en poursuivant la perfectibilité de l'Homme, jusqu'au jour où il pourra recevoir consciemment les bénéfices du travail collectif.

Notre programme c'est la raison, dominant et réglant les actes et les rapports, entre tous.

Les républicains seront bien obligés un jour de regarder en face la question sociale. Lorsque, après les retraites ouvrières, l'impôt sur le revenu sera établi et qu'avec la solution de ces deux questions, nous aurons réalisé la dernière partie de notre programme commun, car, ensemble, nous voulons poursuivre énergiquement la réforme qui donnera à l'État le monopole de l'Enseignement. Lorsque cette œuvre recevra son application, il faudra bien en accepter les conséquences. Lorsque par l'instruction, l'intelligence sera répandue en proportion de la valeur de chacun, lorsque cette accumulation de forces intellectuelles sera distribuée à tous, et pour le profit de tous, pourra-t-on laisser inorganisée cette somme de valeur humaine ? Pourra-t-on laisser indéfiniment l'homme livré à ses propres penchants ? Ne faudra-t-il pas qu'avec sa pensée s'élève l'idéal qui lui permettra de poursuivre la réalisation de ses nouvelles espérances ? Ne faudra-t-il pas lui imposer les grandes vertus, sans lesquelles ne peuvent s'organiser, ni se fonder les idées de justice et de fraternité sociales ?

Ne faut-il pas dire à l'homme qu'il aura à devenir meilleur, plus volontairement associable ? Il faut lui affirmer que ce but ne peut être atteint qu'autant que la société lui donnera des satisfactions matérielles ou morales dont il pourra mesurer l'étendue et la valeur par son intelligence.

Ne faut-il déjà se préoccuper de cette grave question qui se pose par le fait que l'homme, plus intelligent, a plus besoin de liberté, plus besoin d'expansion pour ses facultés, que lorsqu'il est livré au seul souci de sa vie matérielle. Il croit et affirme que ses droits sont plus étendus que ceux qui vivent du salariat. Il faudra bien, lorsque sera généralisée l'instruction moderne, atténuer ce sentiment, en le réglementant par l'application de la morale humaine.

A vrai dire, on peut déjà constater qu'un rapprochement s'est effectué, entre les différentes classes de la société par la conscience des situations respectives occupées par chacune d'elles ; aujourd'hui, le droit d'association a rapproché les distances qui séparaient le prolétariat du capitalisme. Les capitalistes ont toujours en face, et bien près d'eux, les travailleurs organisés.

Ils reçoivent la notion qu'il existe une force, qu'il y a quelques trente ans, ils repoussaient, dédaignant de traiter avec elle.

Ce rapprochement moral s'imposera plus utilement lorsque, pour recevoir le bénéfice de l'instruction intégrale, le capital ne sera plus une nécessité ; lorsque toutes les fonctions, dites libérales, qui assurent la domination gouvernementale de la classe bourgeoise, seront réparties par la voie d'une sélection faite selon les règles de la plus stricte égalité entre tous les citoyens pauvres et riches. A ce moment, la classe capitaliste aura vécu.

Elle aura vécu parce que la puissance du capital n'existe pas seulement dans l'exploitation de la misère, mais aussi dans la possession de toutes les forces attachées à la domination politique.

Et le jour où elle n'aura plus pour se défendre contre le prolétariat instruit, que la valeur fiduciaire du coffre-fort, il ne restera que des hommes désarmés appelant, comme les autres, une égale répartition du bonheur.

C'est pour cela que je juge inutile la guerre des classes, et dis qu'il est possible de rapprocher les hommes qui les personnifient, par la seule force attachée à la socialisation de l'Éducation.

Le Parti socialiste est au tournant difficile de son histoire.

Deux voies lui sont ouvertes : l'une le pousse à l'accession du bien-être, en lui désignant comme route le mont le plus élevé, aux flancs abruptes, aux pics inaccessibles, aux glaces éternelles. Sur cette route l'homme se trouve isolé, abandonné aux seules chances de sa force physique, avec laquelle, par le pic et la corde, il lui faut s'élever au-dessus des rochers dangereux, doubler les crevasses les plus périlleuses ; puis après de longs efforts, se hissant victorieux au faîte, il s'apercevra que ses poumons n'y peuvent respirer, il redescendra vers la science par le sentier de la Raison.

L'autre voie, c'est l'effort collectif conduit par la pensée, c'est aussi la route qui lui assurera la conquête des sommets élevés, mais par l'électricité, puissance génératrice que déjà il a arrachée à la nature et qui demain l'arrêtera sur la plate-forme d'un Montanvert, et, bientôt, sans effort humain, ira conquérir l'Aiguille du Goûter rendue accessible à tous. Ce sera ce sentier où l'Humanité entière viendra chercher la félicité commune. L'énergie génératrice sera l'Égalité offerte au nom de la Vérité scientifique.

De l'organisation du Parti socialiste.

En écrivant les lignes qui vont suivre, je ne me dissimule pas que les grands pontifes du socialisme, et, aussi quelques-uns de ceux qui les écoutent et les lisent, vont simplement crier à la naïveté. Mais peu m'en chaut, car la simplicité et la naïveté sont quelquefois les corollaires de l'honnêteté.

Et il m'est égal de ne pas passer pour un sociologue de haute envolée, si, modestement, j'énonce des faits justes.

Le Parti socialiste ne représente à l'heure actuelle qu'une force politique, assez peu homogène, car ses troupes, contrairement à sa raison d'être, sont constituées par des éléments divergents, groupés par des sentiments politiques dont l'origine se trouve dans l'impatience des uns, ou dans l'expression d'un égoïsme plus développé des autres.

Si nous regardons et analysons de près les raisons qui déterminent les citoyens à rentrer dans les rangs du socialisme, nous sommes bien obligés de reconnaître que les neuf dixièmes de ces adhérents n'ont aucune conception des devoirs attachés au titre de socialiste. Le socialisme, pour eux, n'est qu'un programme politique sur lequel sont fondées leurs espérances immédiatement réalisables, programme qui demain leur donnera la répartition ou fera l'égalité sociale ; c'est la promesse électorale d'autrefois ; c'est là que finit leur horizon politique, horizon voilé où s'arrête l'esprit de solidarité, où est caché, encore bien loin, le sentiment qui impose la délicatesse, la bonté à tous, la tolérance et la bienveillance pour les défauts d'autrui.

C'est avec la seule brutalité du droit que l'on apprend à ces hommes à soutenir les théories sociales.

Ne doit-on pas pardonner à ces révoltés que la société rencontre quelquefois devant elle ; à ces violents à qui toujours on a parlé de leurs droits, sans faire appel aux sentiments qui, seuls, peuvent déterminer chez eux la conscience que donne la réalité des faits et des choses ?

N'est-ce pas à la violence des paroles qu'est due la rudesse de la mentalité rencontrée chez certains travailleurs, desquels on obtient, en discutant avec eux, d'autres arguments que ceux qui consistent à comparer leur misère avec le bonheur des autres.

Comme si, parmi les hommes, l'instinct de la possession ne croît pas assez rapidement.

Mais on ne peut pardonner à ceux qui, sous prétexte de répandre l'idée socialiste, vont évangéliser les masses populaires et ne font que semer les germes de haine entre les hommes. Ce résultat est bien facile à obtenir : il n'y a qu'à mettre en parallèle les vices et l'opulence des uns avec les vertus et la misère des autres. Il ne faut pas une éloquence très persuasive pour préparer un homme à devenir l'adversaire de son semblable.

A-t-on jamais dit à l'homme que l'on veut instruire que la conséquence d'être socialiste, se trouvait dans l'abandon de son droit individuel, au profit et par réciprocité des satisfactions matérielles et morales qu'il obtiendra par l'association de ses efforts ; que c'est dans cette obligation que se trouvait la seule différence qui les sépare d'un républicain, car ensemble ils poursuivent le même idéal :

Le Parti républicain en améliorant sa doctrine individualiste ;

Le Parti socialiste en s'efforçant de rendre collectif l'effort humain.

L'adhésion au socialisme comporte, pour tout citoyen, l'obligation d'être prêt à en subir les conséquences, à associer, au nom de l'intelligence, les efforts de tous, à limiter son droit et ses besoins au droit et aux besoins de la collectivité.

Il faut qu'il soit affranchi, lui et sa famille, de la morale religieuse qui produit l'individualisme, qu'il la remplace par la morale humaine.

On peut affirmer que ces devoirs, inhérents aux principes socialistes, n'ont jamais été enseignés parallèlement aux droits pour lesquels toutes les espérances sont si largement offertes.

On sait combien est longue la liste des conférences où les périodes enflammées entraînent quelquefois les orateurs à proclamer et à présenter la violence comme le meilleur des moyens révolutionnaires.

On dirait vraiment que tous les chefs d'écoles et leurs disciples traitent la question sociale par l'absurde. La thèse qu'ils présentent aux réunions publiques tend à rendre le travailleur plus encore individualiste, car n'est-ce pas développer ce sentiment que de promettre toutes les réformes matérielles qu'il sollicite ? que de jeter l'espérance aux simples, aux malheureux, sans qu'il leur soit donné de connaître la somme de devoirs qu'ils auront à remplir pour recevoir l'égalité, par la réciprocité de leurs actes.

Les orateurs, les écrivains socialistes se servent à profusion du mot solidarité sociale, mais jamais ils n'ont osé en déduire les obligations qui en découleraient pour tous les citoyens, si ce sentiment était transformé en loi appliquée à tous, socialement.

Nul n'a encore osé dire à l'homme que, pour être socialiste, il faut qu'il soit meilleur par son esprit de solidarité, que le citoyen qui se complaît au régime républicain, puisque l'un a le droit de se défendre et de poursuivre individuellement son idéal, et que l'autre tend à rendre égales pour tous les satisfactions qu'il espère.

On ne lui a jamais dit qu'un gouvernement ne peut être que l'image exacte de la valeur morale de la majorité des citoyens, puisque le bénéfice social qu'il représente doit être distribué collectivement.

Aucun socialiste n'a, je crois, pu imaginer une forme de gouvernement sans y faire rentrer l'expression de la volonté générale. Et, si nous admettons le principe de l'autorité gouvernementale, nous devons dire qu'il y a une relation étroite entre la volonté exprimée et les obligations qui découlent de cette volonté, si celle-ci est devenue celle d'une majorité.

Ce qui permet de dire que, si l'action gouvernementale n'est pas reçue avec la connaissance des principes sur lesquels elle s'est constituée, les mêmes éléments peuvent préparer les causes qui la mettront en état de réaction.

Il est bien permis de constater, sans attaquer le Parti socialiste, qu'il recrute avec trop d'indifférence les bons et les mauvais citoyens. Je dénomme mauvais citoyen celui qui ne voit, dans la forme du socialisme, que le moyen de recevoir plus, en restant,

comme homme, soumis à l'action égoïste de l'instinct ;
celui qui prétend ne participer à l'action commune
qu'autant qu'il restera libre de disposer de son droit
envers et contre celui des autres.

Le socialisme est encore faible, parce qu'il n'a pas
osé élaborer la morale qui convient à son idéal.

Il ne l'a pas osé, et peut-être avec raison, parce qu'il
serait, à l'heure actuelle, difficilement suivi, étant
donnée l'absence de son action morale. Son recru-
tement serait moins facile, mais combien il serait
grandi, s'il préparait la réglementation future de la
solidarité entre les hommes, s'il s'inscrivait à côté
de la déclaration des Droits de l'Homme, celle des
Devoirs sociaux.

Il est désirable que soit moralement limité, le
droit d'être mauvais ; que les statuts des organisations socialistes soient établis sur les bases d'une
morale qui suivrait, dans tous ses actes, l'homme qui
veut se réclamer du socialisme.

Il faut bien que l'on sache qu'il ne suffit pas d'être
instinctivement le plus envieux ou le plus méchant,
pour être classé comme le meilleur des socialistes.

Il ne faut pas que la pureté du socialisme s'établisse,
comme cela se pratique de nos jours, en réunions
publiques par la surenchère des promesses et la violence des attaques.

Il n'est pas digne du Parti socialiste de ne pas oser
s'attaquer aux faiblesses humaines qui maintiennent
l'homme à l'état inassociable. Faut-il longtemps
encore lui laisser croire qu'il lui suffira, pour assurer

le triomphe de nos idées, de savoir lire, au fronton du statut social, les mots : affranchissement de l'intelligence humaine.

Il faut, au contraire, lui dire qu'il doit acquérir l'unité nécessaire, pour continuer la poursuite de cette émancipation de tous. Qu'il ne peut rester indifférent, que tous ses actes doivent tendre à réaliser, d'abord pour lui, puis dans sa famille, l'éducation socialiste.

Il faut que les socialistes sachent combien il est difficile de généraliser la compréhension de l'égalité ; car la plus scrupuleuse répartition, si elle n'est pas reçue par la raison, est toujours l'inégalité pour ceux entre qui elle est faite.

Donc il faut affirmer que le socialisme ne pourra prendre l'essor qui lui convient, que lorsque l'éducation rationnelle sera la base de son action sur la Société.

Le socialisme ne doit avoir pour adversaires que les hommes qui refusent de participer à la conquête de l'égalité devant l'Instruction.

Il ne doit plus se laisser entraîner sur les ailes brillantes des formules qui permettent, il est vrai, les beaux discours. Il ne faut pas que ses chefs continuent à bercer les foules par les mots qui font naître les naïfs espoirs ; ceux-là jouent, pour de mesquines questions d'ambition personnelle, de la dignité de leur Parti.

Il faut aussi que tous les élus du socialisme soient dignes de la doctrine qu'ils représentent et qu'ils croient eux-mêmes aux préceptes qu'ils sont chargés de répandre.

Il faut qu'une saine philosophie transforme, pour les uns et les autres, la morale individuelle combattue par le Socialisme.

Prenant, dans son sens le plus pur, le principe de la souveraineté nationale appliquée à la base de toutes les réformes sociales, on doit reconnaître que cette souveraineté sera plus normalement exercée, plus facilement acceptée, si les lois, sur lesquelles elle est fondée, sont l'expression consciente de la majorité des citoyens.

De cette affirmation il faut en déduire que le droit à la révolution n'a plus à intervenir dans une démocratie, où, tous les citoyens ont la liberté d'exprimer leur volonté.

Si, en France, les résultats qu'a donnés le Suffrage Universel, ne sont pas en rapport avec ce principe, c'est qu'il y a, parmi les citoyens français, une inégalité flagrante dans la répartition de l'instruction, car ce n'est pas proférer un blasphème que de dire à nouveau que l'homme illettré n'a pas la même conception de ses droits, que l'homme instruit.

Ces faits étant admis par tous les démocrates, il reste à déterminer quelle sera l'action la mieux appropriée, celle qui permettra à l'homme de poursuivre son développement intellectuel.

Il faut que l'état de perfectibilité de l'Homme lui permette de devenir l'unité consciente, s'associant librement au plus grand nombre pour former cette pluralité appelée à présider à la réorganisation d'un nouveau régime social sous lequel les besoins de tous seront mis en rapport avec l'effort que chacun devra consentir.

C'est dire que la valeur de l'ensemble de la société est la résultante de la valeur intellectuelle des citoyens qui participent à sa constitution.

L'intelligence est donc l'unique facteur qui peut conduire l'Humanité au mieux-être.

J'oppose le principe de la loi de la majorité consciente à tous les philosophes constructeurs de régimes sociaux, à ceux qui prétendent avoir trouvé le système qui permettra à la Société d'organiser l'égalité dans le travail et de distribuer impartialement les satisfactions matérielles. Je l'oppose aussi au plan total de transformation immédiatement applicable qui doit bientôt voir le jour (1).

Je demande à quel degré, à quel moment s'arrêtera l'égalité des satisfactions promises par ce système, satisfactions promises sans obligations, même morales. C'est presque une distribution de bonheur volontaire et toute personnelle, puisque ce système n'est même pas celui d'une minuscule minorité, mais qu'il est dû à la conception d'un seul homme.

Cet homme a-t-il vu que l'égalité d'une action sociale — vraie et possible pour sa haute intelligence — deviendra une répartition moins juste, et par suite plus inégale, lorsqu'elle sera reçue par une valeur intellectuelle inférieure à la sienne? A-t-il songé à la véritable inégalité qui s'établira dans la proportion

---

(1) Voir le journal *l'Humanité* du 12 août 1905.

résultant du degré différentiel de la valeur morale de celui qui a conçu le système et de ceux qui en recevront l'application.

Le problème social ne peut être résolu que par une conception généralisée. Il ne l'est pas dans l'expression, merveilleuse dans sa forme, qui dit : « que la vie sociale sera plus harmonieuse, composée d'allégresse, de vie joyeuse et légère (1) ».

Il sera résolu par ceux qui, demain, apporteront au prolétariat la réalisation de la conquête de l'Égalité dans l'Éducation.

Et alors ceux-ci pourront dire que la meilleure conception sociale sera celle voulue par le plus grand nombre, par la conscience des majorités.

Action du Socialisme.

Tous les philosophes ont été unanimes à reconnaître que les hommes ont pour obligation, par leur nature même, de vivre en société, qu'ils y sont contraints par le besoin qu'ils ont des uns des autres.

Il s'en suit que l'association par les besoins est naturelle et instinctive, que la société actuelle, dans sa fonction, est actionnée, non par l'intelligence de l'homme, mais par son instinct.

Cette affirmation paraîtra à beaucoup imprudente, surprenante pour tous, mais elle me sera bien pardonnée, puisque c'est une thèse que, non seulement je

------

(1) Journal *l'Humanité* du 13 août 1905.

veux soutenir, mais de laquelle je me propose de tirer des conclusions.

La Société est constituée par des organisations, par des groupements, qui, réunis par divers liens, en forment l'unité ; mais c'est la famille qui en est le principal élément constitutif.

Tous les actes que commet l'Homme et qui relèvent de ses rapports avec la Société doivent être soumis à l'action de sa raison. Sans cela, il ne serait, dans cette société, qu'un organe soumis à une réglementation qui, quoique intelligemment imposée, serait une atteinte à son essence même.

La volonté et la liberté dans la raison représentent la morale, sans le principe de laquelle l'homme ne peut faire usage de son intelligence.

Tout système tendant à la réorganisation de la Société exige donc pour première base d'action l'étude d'une morale dont la conception s'inspirera des mêmes principes que ceux sur lesquels doit être construite la future société.

La société actuelle, par ses lois, par les devoirs qu'elle impose aux citoyens, est individualiste ; il est normal que sa morale soit conforme à ses principes.

Le socialisme n'a donc pas le droit de concevoir ni d'imposer un système d'organisation sociale, sans en avoir conçu et préparé la morale qui devra imposer à tous le caractère du libre consentement attaché aux actions collectives auxquelles les hommes seront astreints.

Il ne saurait promettre le bénéfice que donnera à des citoyens le régime de la solidarité sociale, si ceux-ci ne s'y sont préparés par l'application d'une morale se rattachant à la connaissance de leurs nouveaux devoirs.

Le socialisme, moins que tout autre Parti, n'a pas le droit de propager des théories d'application, avant d'avoir inscrit en tête de son programme ce qui sera le bien ou le mal dans la future organisation sociale.

De la Famille.

C'est dans l'organisation de la famille que la morale actuelle est le plus purement individualiste.

La famille, par son origine, par sa fonction même, représente la plus grande des forces sociales.

C'est par elle que la société reçoit l'homme, avec ses défauts, avec ses qualités.

C'est pour elle que s'engagent, tous les jours, les luttes pour le droit à la vie.

C'est de son milieu que s'échappent toutes les pensées de l'homme, bonnes et mauvaises, celles qui lui dictent ou lui font refuser l'accomplissement de ses devoirs sociaux.

C'est de la famille que l'homme reçoit la direction qui guide ses efforts.

C'est elle qui le rend libéral ou égoïste. C'est sous son action que les enfants, à leur tour, deviennent des chefs de famille laborieux, dévoués, ou bien des hommes aux vils instincts, catégorie trop nombreuse, contre laquelle, depuis des siècles, légifère la société.

Si donc, j'applique la corrélation qui existe entre la cause et l'effet, il me sera permis de dire que la société est constituée à l'image de la famille, qu'elle doit en avoir et ses vices et ses vertus.

J'affirme donc une doctrine inacceptée jusqu'à ce jour, en déclarant qu'il faut imputer à la famille les défauts dont la société peut être accusée, non pas peut être sous la même forme, mais partant de la même origine. Et, réciproquement, on peut attribuer à la société le bénéfice de ce que nous sommes convenus d'appeler les vertus de la famille.

Républicains, socialistes, sont d'accord pour poursuivre l'inévitable évolution sociale. Ils désirent rapprocher le jour qui mettra les lois fondamentales de la société plus en harmonie avec le progrès intellectuel.

Je dis donc qu'admettre le principe de l'évolution de la société, c'est admettre la transformation de la morale qui préside à l'organisation de la famille. Et il est donc vrai que, si la famille est l'élément naturel dominant la constitution de la société, son évolution par la conception d'une morale nouvelle doit précéder toute transformation sociale.

La famille, seule, n'a pas été encore touchée par le bénéfice de la civilisation : c'est encore la loi naturelle de la maternité qui y domine toute entière.

L'intelligence de la femme est entièrement mise au service de l'instinct de la mère. Il suffit de rappeler la transposition immédiate qui s'opère dans les sentiments de la femme par le seul fait de l'enfantement.

C'est ce nouveau sentiment qui domine ses actions et qui la suivra aussi longtemps que parlera son cœur de mère.

C'est par lui qu'elle subit, qu'elle exécute, le moindre désir de l'enfant. C'est lui qui fait apaiser ses petits caprices, ses grosses colères, par une soumission que nous appelons le baiser de la mère. Qui osera soutenir que cette caresse est l'expression de l'intelligence ?

Non, la mère prépare à la société un homme volontaire, quelquefois méchant, qui sera, en tout cas, toujours, pour cette société, un égoïste dont elle aura à se défendre.

Lorsque nous nous trouvons en face d'un homme orgueilleux, infatué de sa valeur personnelle, n'avons-nous pas le droit de regarder en arrière, à l'époque de son enfance, et d'y voir une mère en adoration devant un enfant, dont le babil de ses deux ans, est pour elle déjà de l'intelligence ? Est-ce que cette mère, par ses caresses de tous les instants, faisant pour son enfant abnégation de toutes choses, ne lui imprime pas le sentiment de sa supériorité future ?

N'est-ce pas le vice de l'orgueil que la mère inculque à son enfant qui, devenu homme, défendra ce qu'il croit être, ou ce qui sera sa supériorité ? Sous l'empire de ce vice, il s'arrogera le droit au nom duquel, il dédaignera le droit de tous et il deviendra l'homme à qui il y aura lieu de faire application des lois coercitives.

Égoïste et orgueilleux, cela suffit pour que je refuse à cet homme le droit de se dire un être associable, car il n'est pas en état de reconnaître la répartition juste de ses besoins, puisqu'il n'a plus la conscience de sa valeur réelle, encore moins de celle nécessaire pour remplir ses devoirs vis-à-vis de la société.

La morale qui défend ce sentiment familial répondra à ma thèse que les défauts de l'enfant importent peu, qu'ils s'atténuent avec l'âge, qu'ils disparaissent même, sous l'action des deux forces qui sont le père et l'école. C'est une erreur que je repousse.

L'action morale ou matérielle du père est toujours soumise au droit tacitement reconnu à la mère, cela depuis la naissance jusqu'au jour où l'enfant échappe à l'autorité de la famille.

Est-ce que le père n'a pas abdiqué cette autorité lorsqu'il admet que son action personnelle ne doit commencer qu'au jour où l'enfant atteint l'âge de raison ?

N'est-ce pas oublier que la direction de la raison d'un enfant commence avec la réglementation des premiers besoins ? Que cette réglementation est l'habitude facile, normale, qui, progressivement, assurera non seulement l'autorité de la famille, mais, bien mieux que toute leçon de morale, fera disparaître ou atténuera tous les défauts inhérents à sa nature.

La réglementation intelligente des besoins d'un enfant diminuera aussi, dans la même proportion, les fatigues de la mère.

Cette réglementation assurera aussi la santé à l'en-

fant, développera sa force physique en le faisant
échapper aux conséquences que ses caprices imposent
à la mère. On ne peut oublier que la majorité des
enfants s'alimentent très mal, parce que, désireux de
jouer, ils affirment à la mère, qui toujours s'incline,
qu'ils n'ont plus appétit.

Et lorsqu'ils sont de santé délicate, ou malades,
n'est-ce pas encore à l'intelligence appuyée sur quelque peu de philosophie que la mère doit demander
quels sont les soins à leur donner.

Lorsque la mère se servira de toute son intelligence pour élever son enfant, lorsque au lieu d'obéir
aveuglément à des caprices instinctifs, elle lui imposera une volonté propre ; lorsque, grandissant, cet
enfant n'aura plus à demander ou à commander à la
famille, mais à recevoir et à obéir, je dis qu'il sera
plus intelligent, mieux préparé à subir, sans contrainte, l'application des lois sociales, mieux préparé
à associer son activité, et c'est sans effort qu'il incli-
nera sa volonté devant celle de tous.

Je dis encore qu'il ne lui en coûtera rien, que c'est
avec autant de plaisir qu'il fera abstraction de son
action personnelle, s'il est certain qu'avec moins
d'efforts il peut participer à une répartition qui lui
assure la satisfaction de tous ses besoins. C'est le but
cherché, voulu, qu'aura à atteindre la morale socialiste.

Oui, il faut dire à la mère, que sa bonté, que ses
faiblesses, que tous les soins dont elle est si prodigue
ne sont en rien des vertus familiales, que tout son
effort est le résultat d'un instinct utile, mais incom-

plet. Puisqu'elle est intelligente, il faut qu'elle sache qu'elle n'a pas le droit d'aimer son enfant par et pour elle seule, que cet amour n'est souvent qu'un acte d'égoïsme, au nom duquel elle sacrifie toujours le droit même de l'enfant.

Qui oserait prétendre que jamais une mère se préoccupe, en faisant l'éducation de son enfant, du droit de la société ? En tout cas, si elle pense à ce droit, c'est pour mieux préparer son fils à s'en assurer le plus grand profit.

Si nous établissions une statistique des enfants sortis de la famille, mauvais ou vicieux par la faute de la mère, nous verrions que la grande majorité des hommes sont, pour cette cause même, des révoltés contre les lois de notre société ; que cette majorité n'accepte leur application qu'au nom de la crainte des pénalités qu'elles comportent.

N'est-ce pas le contraire de l'action consciente qui doit inspirer le libre arbitre de tout citoyen ?

Cette statistique nous dirait aussi combien sont nombreux les enfants qui remplacent par le mépris le sentiment de reconnaissance filiale. Conséquence assez naturelle, d'ailleurs, car la mère n'a-t-elle pas tout fait, tout préparé pour que l'enfant croie que toutes les joies, que toutes les caresses, que tout le bien-être qu'il a reçus ne représentent que le devoir qu'on avait à remplir vis-à-vis de lui ? La preuve de cette affirmation se trouve dans le fait que le respect filial se produit et s'obtient en raison de la juste sévérité qu'apporte la mère dans son action éducatrice.

Combien est faible l'homme instruit qui n'ose s'élever contre ce sentiment! Combien est responsable celui qui s'associe à la glorification de cette action instinctive et illogique, action qui reste toujours la puissante source où s'alimentent toutes les inégalités sociales.

L'homme fera toujours abdication de son autorité paternelle et du rôle d'éducateur de son enfant, lorsqu'il n'aura pu faire comprendre à la mère que l'action d'enfanter est une loi humaine, mais mécanique, que sa fonction est de même essence que celle de la modeste fleur dont le pistil est fécondé par le pollen, loi merveilleuse, mais naturelle, qui s'applique indistinctement à toute génération.

Il a pour devoir d'apprendre à la mère que l'enfant qu'elle met au monde n'est son œuvre que par une action semblable à celle produite par le cultivateur qui féconde et vivifie la terre, afin que le grain qu'il y sème puisse lever et mûrir généreusement. Il doit lui affirmer que tous les soins, que tout ce que produit son amour maternel est l'expression de l'Instinct, corollaire de la maternité, que tous ces efforts ne sont pas donnés utilement et dépassent, généralement, dans une énorme proportion, les résultats obtenus, et, plus encore, les résultats à obtenir.

Le nombre de fautes à reprocher aux faiblesses de la femme est incalculable, fautes toujours déterminées par la seule volonté de l'enfant et dont la répercussion est une atteinte même au bon développement de sa constitution.

J'affirme que si la femme recevait une éducation rationnelle, lui permettant de raisonner toutes les conséquences de la maternité ; si la société avait ennobli sous une autre et plus humaine forme cette action de la reproduction, la femme aimerait avec toute la puissance de son intelligence et éviterait les cruelles déceptions que réserve aujourd'hui l'enfant trop choyé. Elle aimerait comme l'artiste aime son art, comme le savant qui veille, travaille : pour le seul bien de l'Humanité.

Je n'ignore pas qu'attaquer l'amour maternel, dire qu'il est une action instinctive, c'est faire acte d'hérésie sociale, c'est détruire le principe de la famille, c'est arracher l'auréole de bonté attachée au front de la mère. Comme si l'intelligence ne pouvait aussi enfanter la bonté, comme si elle ne pouvait ouvrir à la femme un plus large horizon, lui permettant d'étendre plus loin et de placer plus haut l'amour de l'enfant ; comme si elle ne pouvait entrevoir l'extrême limite du bonheur qu'elle peut recevoir, en raison du degré de sa perfection intellectuelle.

Quoi ? Tout, autour de nous, se transforme. Toute la civilisation est emportée par l'incessant progrès. Toutes les idées évoluent, entraînées par la science. Nous ne savons où s'arrêtera l'infini des vérités scientifiques. Et nous n'oserions pas demander à la femme, à la mère, qu'elle aime, qu'elle instruise son enfant par son intelligence ? qu'elle secoue enfin le joug de l'Instinct ?

Faut-il redire, pour que l'on nous reconnaisse le

droit de soutenir cette thèse, que tout, dans l'homme, manifeste sa destination pour vivre par le cerveau et qu'il est créé pour l'exercice de la pensée. N'est-ce pas faire appel à la pensée, au cerveau, que de leur demander, puisqu'ils résument tout l'effort humain, de présider à la plus belle des actions : celle de la reproduction du genre humain.

Qui donc osera nier la nécessité de rapprocher l'Intelligence de l'Instinct, sentiment qui est l'origine de tous les vices sociaux, que nous pardonnons, que nous glorifions même, sous le nom de faiblesses maternelles.

Pourquoi, là, comme ailleurs, ne pas enfoncer le coin de la Raison ?

L'évolution de l'Idée nous l'impose.

De la Famille.
Transformation de sa morale.

C'est sans aucune illusion que j'expose les idées qui précédent et celles qui vont suivre. Je sais parfaitement qu'elles n'ont aucune chance d'être acceptées par le seul effet de la persuasion. Je sais que toute volonté de chacun de nous échoue devant l'isolement de la pensée individuelle.

Ce n'est pas pour faire du prosélytisme que je les émets, aussi modestement qu'il m'est possible, puisque c'est à une action généralisée que je fais appel.

Elles seront trouvées simples, j'en suis certain, mais je ne poursuis d'autre but que celui d'essayer de dégager un principe qui me paraît volontairement oublié par les chefs des partis socialistes.

Je veux leur dire qu'ils ont pour devoir de préparer ou de faire précéder leur système d'organisation de la future société, d'une morale définie, permettant aux hommes de recevoir et de se soumettre consciemment aux obligations résultant de l'application de la solidarité sociale ; qu'ils n'ont pas le droit de s'attaquer seulement aux faits qui révèlent les inégalités sociales, mais qu'il est plus facile de détruire celles-ci en s'attaquant aux causes qui les produisent.

Il faut donc attaquer bien en face la morale de la société, expliquer son retard sur la marche de la civilisation, établir sa responsabilité sur l'état de l'homme si profondément égoïste.

Cette morale n'est pas plus avisée que la prudence de la mère qui attend certain âge de la jeune fille pour l'initier aux soins physiques que comporte sa nubilité. Elles se font, l'une et l'autre, suppléer par l'initiation, de petite fille à petite fille. Lorsque la mère intervient, depuis de longs mois déjà, et quelquefois depuis des années, on a causé entre petites amies, du premier amour.

Enfantillage, dit cette morale, mais non, réponds-je, sentiment qui produit toujours des conséquences, puisqu'il est préparé par l'Instinct, par la nature elle-même. — Instinct toujours faussé par l'ignorance et souvent par la perversité de la première confidence, mais où jamais l'hypocrite pudeur de notre société ne vient diriger l'éclosion du premier besoin d'expansion.

Tout est secret pour la famille, lorsqu'à côté tout est ouvert à l'innocence, et la pureté de l'enfant est souvent livrée, sans résistance, à la brutalité que provoque la sensualité. Cet abandon auquel s'ajoute le besoin de savoir, de connaître, fait que la jeune fille ne peut s'adresser qu'à la puberté d'autres compagnes qui, comme elle, avides de savoir, recherchent et se révèlent les secrets adroitement surpris à l'alcôve des parents.

C'est l'âge du premier sentiment et les parents ne voient d'autre moyen de préservation, qu'une surveillance étroite sur les actes de la vie de la jeune fille, surveillance qui pour elle provoque la contrainte de tout son être. Elle ressemble à un objet de valeur que, quelquefois, les servantes reçoivent la mission de surveiller et de défendre.

Cette morale se préoccupe de conserver précieusement la virginité physique, mais elle oublie l'atteinte que reçoit le premier sentiment, lorsqu'il y a déjà perversion de l'esprit. La responsabilité en est à l'absence d'intervention de la famille : c'est l'Instinct qui, comme à plaisir, élargit ses rameaux.

Il est aidé par l'attente du désir qui intervertit l'ordre normal du choix dans l'amour. Il atténue et fausse la pureté du cœur. La jeune fille est abandonnée à elle-même et la nature reprend ses droits, pendant cette période où le sens moral est toujours vaincu. C'est au milieu des doutes, c'est sous l'empire irraisonné du droit d'aimer, qu'elle se donne, ou qu'elle subit le choix toujours intéressé de la famille.

Mais elle est encore sous l'impulsion de la loi naturelle qui lui a créé son idéal et son cœur est toujours prêt à un autre amour, puisque c'est sans contrainte qu'elle a, dans ses rêves de jeune fille, entouré de toutes les beautés physiques, celui qu'elle devait aimer. C'est par ce seul sentiment, que tout se meut, que tout s'espère en elle, car c'est sous le régime de l'Instinct, que les lois morales et physiques lui ont été offertes. La civilisation ne lui a donné que le vernis servant à masquer la virilité de ses aspirations. Elle ne peut aimer que sous cette influence. C'est l'amour instinctif, mais le plus souvent, c'est la passion évoluant sous l'effort du penchant sexuel.

C'est sous cette impression, admise par la morale actuelle, que la jeune fille donne son affection à l'époux et le mariage est, pour elle, la délivrance de la rigidité superficielle de nos mœurs. Et toujours, nous constatons qu'il n'y a qu'un sentiment qui préside à l'association : c'est l'instinct du rapprochement des sexes ; toujours et encore, la loi naturelle qui domine, mais plus brutalement encore, chez les familles riches qui, elles, légalisent par le contrat de mariage, la vente de leurs enfants.

C'est sous l'empire de tels sentiments que la femme devient mère, qu'elle donne la vie au nouvel être, qui naît, lui aussi, sous l'atavisme de l'Instinct. De génération en génération, se perpétue ainsi la formation individualiste de la Société.

Je voudrais voir accepter la morale qui, dès l'école primaire, imposerait à la jeune fille, l'étude progres-

sive de la physiologie humaine ; qu'elle apprît par des
formules claires et précises, tout comme un médecin,
quels sont les soins que réclame un nouveau-né, ce
que doit être la santé d'un enfant, qu'elle sût au
moins que c'est par la surveillance constante des
selles, de la température normale, qu'une mère vigi-
lante se rassure sur la santé de l'enfant et qu'aussi
elle pût prévenir le moindre malaise.

Ce conseil paraîtra bien anodin et bien simple,
mais il est établi que, parmi les jeunes épouses, neuf
sur dix ignorent ces détails. Puis, que l'on détermine
quelque peu scientifiquement les raisons qui moti-
vent la réglementation des aliments, que l'on définisse
aussi la loi de propreté, que l'on explique ce que doit
être la volonté consciente d'une mère. Puis aussi qu'il
soit prouvé que, par l'intelligence de ces soins, les
alarmes, les craintes incessantes des mères d'aujour-
d'hui auront fait place à la parfaite sérénité des
mères de demain.

Pourquoi, aussi, ne pas préparer la future mère à
un peu de philosophie, en lui faisant connaître les
causes de mortalité de l'enfance et la proportion qu'il
faut attribuer à l'ignorance des mères. Tout cela,
c'est demander que la jeune fille apprenne à l'école
tous les devoirs de la mère, comme, aujourd'hui, par
l'enseignement ménager, on lui enseigne les devoirs
de l'épouse.

Je sais que toutes les mamans qui liront ces lignes
— s'il y en a — vont s'écrier que c'est l'impudeur
légalement créée à l'École. Mais qu'il me soit permis

de dire à celles qui voudront suivre de près le développement moral de leurs petites filles, qu'elles seront bientôt convaincues que, dès l'âge de neuf ans, celles-ci ont déjà essayé de pénétrer la loi de la nature ; qu'elles ont tout autant de prédispositions pour en connaître les conditions, que pour apprendre une règle de grammaire.

En somme, c'est imposer à l'élève, à la femme de demain, la connaissance utile de moyens par lesquels elle sera prête à donner à la société une génération nouvelle, forte de santé et de vigueur ; c'est lui imposer l'habitude de raisonner toutes choses ; c'est lui faire rejeter tous les faits inexpliqués sur lesquels s'appuient les dogmes religieux ; c'est enfin lui donner une impression nouvelle qui l'éloignera de ce sentimentalisme qui, jusqu'à ce jour, l'a livrée au mysticisme de l'Église.

Comment pourrait-on accuser d'immoralité le principe scolaire, qui affirmerait que la limitation des volontés, la réglementation de tous les besoins, arracherait à l'enfant le vice d'être volontaire ou capricieux, et qu'aussi le vice de l'orgueil y trouverait une large atténuation, par l'habitude de la soumission à une règle déterminée. Serait-il difficile de prouver que de résister à un caprice d'un enfant, ce n'est pas lui occasionner une souffrance morale ? Que son cerveau, qui détermine les pleurs, est insensible à la douleur ? Qu'en dehors des périodes maladives, il acceptera sans, la moindre peine, avec la même faveur qu'une caresse, la réglementation voulue. Que c'est la seule façon de lui apprendre à se soumettre aux volontés de la mère, puis ensuite aux exigences de la famille, de la société ?

Cette réglementation présidant au développement de l'intelligence de l'enfant lui fera accepter et admettre la définition différentielle de ce qu'est l'égoïsme et l'amour de soi. Il sera pénétré que ce dernier sentiment est normal, naturel pour assurer la conservation de l'être ; que l'égoïsme est aussi un sentiment naturel, mais réfléchi ; qu'il est un effort nécessaire, pour prendre une chose, pour changer un fait au détriment d'un ou plusieurs autres individus ; qu'il est une atteinte au droit de tous.

N'est-ce pas associer à cette morale la science et la raison ? Est-ce trop demander de vouloir qu'à l'âge où l'on parle à la jeune fille de l'Immaculée-Conception, de l'épouse vierge de saint Joseph, on lui apprenne, par la raison, ce que demain lui imposera son nouvel état de puberté ?

Serait-ce alors immoral, de la prévenir contre l'action naturelle qui éveille les sens ? Éveil de l'amour qui surprend l'adolescente par l'éclosion du besoin d'aimer.

Il faut donc qu'à l'école, la morale lui ait déjà dit que l'amour purement physique est toujours une faute, qui, pour elle, aurait un funeste lendemain ; que, si son premier amour n'est pas dirigé par la raison, il lui réservera la plus cruelle des déceptions morales.

Il faut qu'elle ait appris bien consciemment que l'amour humain doit être un harmonieux concert du cœur, de l'esprit et des sens ; qu'il est une affection profonde, déterminée par des vertus et des bontés communes entre elle et celui qu'elle aura choisi ; que l'association par le mariage implique un échange d'efforts, de sentiments intellectuels ; que ses charmes physiques ne doivent pas représenter la défense égoïste de ses volontés ou de ses désirs, mais l'admirable moyen de demander et d'offrir, par l'amour, le meilleur des bonheurs.

C'est donc demander à l'école d'être l'initiatrice de la jeune fille dans sa vie physique et morale, de remplacer la grande amie, à l'expérience fausse, qui lui insinue l'erreur brutale, qui lui fait idéaliser l'action d'aimer sous des formes différentes, mais qui toutes lui paraissent répondre à ses nouveaux et matériels désirs.

L'école aura pour mission d'arracher tout ce qui est encore instinct chez la femme, d'en faire la source d'où jaillira, avec la santé, toutes les vertus humaines, de synthétiser sa fonction sociale, en devenant la souveraine de l'humanité.

Tel sera le catéchisme du socialisme et il aura bien le droit de l'opposer à la morale religieuse qui prétend élever l'idéal d'un enfant par la croyance en un seul Dieu en trois personnes, à cette morale religieuse qui permet les interrogations impures du confessionnal.

N'est-ce pas le prêtre qui, toujours, pour l'enfant, soulève le voile de l'acte d'amour ? N'est-ce pas lui qui, le premier, fait rougir son front virginal ? Lui, qui, s'étant interdit le droit d'aimer, deviendra le directeur de conscience de cette jeune intelligence.

L'école doit s'affranchir de cette morale, la condamner en lui substituant celle qui séparera l'amour du dogme, celle qui atténuera la brutale étreinte des besoins sexuels en les associant à la conception de toutes les vertus sociales.

J'affirme que cette éducation est aussi facile à imposer à l'enfant que la compréhension des récompenses célestes ou de toutes les mystérieuses assomptions de l'église.

Il faut opposer la loi philosophique de l'amour au mysticisme des religions qui anéantit toutes les délicatesses de la femme.

Il faut transformer l'action de la famille par cette éducation nouvelle, pour que la femme puisse encore y dominer, pour qu'elle en soit la plus pure et la plus intelligente expression.

C'est à elle, c'est à cette épouse, c'est à cette mère que le socialisme demandera de former la génération future, afin que les hommes soient prêts à pratiquer, à subir le principe de la solidarité sociale.

Conclusions.

On a dû s'apercevoir de l'insistance marquée avec laquelle j'ai dirigé toute l'action de la morale préconisée, sur la seule éducation de la femme; mais c'est bien volontairement que j'ai évité d'en consacrer une partie égale à celle de l'homme.

Qu'il me soit permis de rappeler que j'ai essayé d'établir que la transformation morale de la famille devait être la première solution appelée à précéder l'organisation du socialisme.

Mon insistance est basée sur ce que la femme est, par destination, la volonté directrice et permanente de la famille. Elle y domine par un pouvoir presque absolu, quoique acceptant les apparences du contraire; elle défend toujours son autorité maternelle avec toutes les souplesses dont la nature l'a si généreusement gratifiée.

Et que peut la volonté du père devant le sentiment qu'inspire un berceau? Quel est celui qui oserait en revendiquer, envers et contre la mère, un droit de surveillance?

Elle est aussi l'âme de la famille, puisque le père est généralement entraîné à croire que tout son devoir consiste à assurer les besoins matériels.

L'action de la mère est de beaucoup supérieure à toutes les influences éducatrices. Donc, seule, elle peut recevoir la mission d'entraîner l'intelligence de l'enfant vers son mieux-être par l'esprit de solidarité.

Elle seule peut être la collaboratrice de l'école. Il faut obtenir son concours conscient, sans quoi elle est, et restera toujours, l'adversaire de l'éducation rationnelle, donc du socialisme.

Je considère la femme comme le pivot, l'essence même de la famille et je crois que, comme conséquence, l'homme ne peut en être le seul éducateur, que son action doit être plus largement généralisée. Il faut, en somme, que le père soit l'inspirateur sans contrainte de la nouvelle morale, en laissant à la mère le soin de l'appliquer.

C'est la nouvelle famille que je désire, que j'espère. Je crois que l'erreur de mon parti est de vouloir catéchiser l'homme à l'âge adulte. Il oublie la difficulté de la tâche puisque, déjà tout entier, cet homme est enveloppé par les erreurs de la morale actuelle et que la religion s'en est emparé dès son premier vagissement.

Le baptême est un engagement qui, lors de sa première inspiration d'enfant, lui sera bientôt rappelé.

De période en période, il est entraîné jusqu'à l'âge où il devrait s'affranchir ; peut-être alors, ne croit-il plus ; mais son égoïsme et son indifférence sont assez déterminés pour qu'il n'accepte pius aucun autre idéal.

Je veux donc que, comme le prêtre, le socialisme, à son tour, prenne l'enfant au berceau, que par l'intermédiaire de la mère de famille, il en soit le tuteur, afin que, sans effort, il en dégage toutes les facultés d'être associable. Et pour me répéter, je veux qu'il soit l'homme qui, par l'association de ses efforts, appliquera le principe de l'amour de soi-même, sachant qu'en collaborant à l'effort commun, il se donnera plus de bonheur matériel, plus de félicité morale.

Ma formule est donc :

Action de la morale rationnelle sur l'enfant par la famille associée à l'école.

Je m'étais promis d'apporter un essai de définitio

de la morale à laquelle je viens de faire appel. Cela m'a paru trop osé.

Dans le modeste effort que représentent ces lignes, je n'ai eu d'autre ambition que de poser le problème suivant :

« Le socialisme a-t-il le droit d'appeler l'homme à adhérer à un système social, avant de lui avoir fait connaître quelle somme de devoirs sociaux lui serait demandée dans l'application du nouveau régime qui lui est offert ? »

Quant à moi, il est au-dessus de mes forces, de mon honnêteté, de m'associer aux formules même unifiées, formules qui offrent le bonheur social aux hommes en leur laissant tous leurs vices, en les embrigadant au nom de la brutalité de leur égoïsme.

J'ai choisi.

Oullins, le 16 septembre 1905.